내 심장이
항상
열려 있기를

E. E. Cummings

E. E. 커밍스
시선집 1

**내 심장이
항상
열려 있기를**

송혜리 옮김

일러두기

- 이 책은 커밍스가 자신의 11권의 시집에서 직접 선정하여 엮은 시선집 *e. e. cummings selected poems 1923-1958*(faber and faber, 1960)을 번역한 것으로, 1권 『내 심장이 항상 열려 있기를』에 초기 시를, 2권 『세상이 더 푸르러진다면』에 후기 시를 담았다.
- 대부분의 시가 제목이 없어 편의상 첫 행을 제목으로 삼았고, 첫 행과 제목이 다른 시는 드물게 제목이 있는 시이다.
- 시행의 비정형, 어문규범에 맞지 않는 단어와 부호의 사용, 무시된 붙여쓰기와 띄어쓰기 등의 변칙은 모두 저자가 의도한 것이다.
- 원문의 대문자는 고딕체로 표현했다. 단, 광고 문구, 인용 시구, 제품명, 기업명 등은 활용에 따라 처리했다.
- 원전이 된 11권의 시집 목록을 책 끝에 밝혀두었다.
- 주는 모두 옮긴이의 주이다.

차례

방금	009
내 사랑	011
오 감미롭고 자발적인	014
버펄로 빌의	016
항상 그렇지 않을지도 몰라; 그리고 난 말하지	017
상상해 봐	018
봄은 어쩌면 손 같다	020
누가 알겠어 혹시 달이	022
나는 내 몸이 좋다 특히 내 몸이 네	024
작은 트리	025
인류 난 너희를 사랑해	027
시, 즉 아름다움은 바이날 씨에게 상처를 준다	029
항상 지기만 하는 사람은 없어	034
여러분 씨 혈기 왕성할 필요가 없어요	037
그녀는 아주 새로	038
기념품	041
도둑들 사이에 떨어진 어떤 남자가	045
목소리에서 목소리로, 입술에서 입술로	047
"물론 위대한 아메리카 옆에서 나는	050
내 소중한 연로하시고 등등의	051

여기 작은 쥐가 있다)그리고	053
모든 것에도 불구하고	055
느낌이 우선이므로	056
만약 내가 만들었다면,그대여,복잡하고	058
나는 올라프에 대해 기쁘게 큰 소리로 노래한다	059
만약 어떤 천국이라도 있다면 내 어머니는(스스로)하나를	062
그러나 만약 죽은 마음속에 살아 있는 춤이	064
만져도 될까 그가 말했고	065
동무들은 죽는다 그렇게 들었으니까)	068
한 남자를 상상하라, 어떤 것을 갖는다면	070
정말 기운찬 꿈의말이 앞으로 나아간다(부드럽게모습을 드러내며)	072
여호와는 묻히고,사탄은 죽었고,	074
이 마음이 전쟁을	076
사랑의 기능은 미지의 것을 조작하는 것	081
(잊혀진)죽음이 자신의 우주를 걸치고	083
(언젠가-언젠가 나라를 나는 이야기한다	084
내 전문은 생활이야 한 남자가	086
만약 내가	087
내 심장이 항상 열려 있기를 작은	089
너는 그 무엇보다도 기쁘고 젊을 것이다.	090
붉은 헝겊과 분홍 깃발	092
자유는 아침식사이므로	093

누구가 예쁜 어떻게 마을에 살았다	095
내 아버지는 사랑의 파멸들을 헤치고 나아갔다	098
나는 어떤 세상도	103
이 아이들은 돌로 노래한다 그	106
원전 시집 목록	109
옮긴이의 말	111
편집 후기	116

방금

방금
봄이 와서   세상이 진흙으로
감미로우면 그 작은
절름발이 풍선장수

휘파람을 분다   멀리서   그리고 휘이

그러면 에디와빌이 그리로
달려온다 구슬치기와
해적놀이를 멈추고 그리고
봄이 와

세상이 물웅덩이로 멋지면

그 괴상한
늙은 풍선장수 휘파람을 분다
멀리서   그리고   휘이
그러면 베티와이스벨이 다가와 춤을 춘다

돌차기와 줄넘기를 멈추고 그리고

또
봄이
오면
   그

    염소발의

풍선**장수**   휘파람을 분다
멀리서
그리고
휘이

내 사랑

내 사랑
그대 머리카락은 하나의 왕국
   그곳의 왕은 어둠이라
그대 이마는 아름다운 꽃 한 아름이다

그대 머리는 빠르게 자라는 숲
   잠든 새들로 가득하다
그대 가슴은 하얀 벌 떼
   그대 고운 몸 그 가지 위에 있다
그대 몸은 내게 **4월**
그 겨드랑이 속에서 봄이 다가온다

그대 허벅지는 왕들의 마차에 매인
   하얀 말
그들은 훌륭한 음유시인의 타격
그들 사이엔 언제나 기분 좋은 노래

내 사랑

그대 머리는 작은 상자
　　그대 마음의 멋진 보석이 담겼다
그대 머리의 머리카락은 하나의 전사
　　패배를 모른다
그대 어깨 위 머리카락은 하나의 군대
　　승리와 트럼펫 소리가 함께한다

그대 다리는 꿈꾸는 나무들
그 열매는 망각이라는 먹이

그대 입술은 진홍색 옷을 입은 사트라프
　　그들의 키스 안에서 결합하는 왕들
그대 손목은
성스럽다
　　그대 피의 열쇠를 지키는 파수꾼
그대 발목의 발은 은화병에 담긴
　　꽃이다
그대 아름다움 속에서 플루트는 딜레마에 빠진다

그대 눈은 배신

향을 통해 이해되는 종에 대한 배신

오 감미롭고 자발적인

오 감미롭고 자발적인
지구 얼마나 자주
그
맹목적인

      손가락으로
음란한 철학자들이 꼬집고
또
찔러왔는가

그대를
, 그 무례한 엄지손가락으로
과학이 쿡 찔렀던가
그대의

      아름다움을   . 얼마나
자주 종교가 그대를
그 앙상한 무릎 위로 데려가

꾹 쥐어짜고

괴롭혔는지 그대는 어쩌면 신을
떠올렸겠지
      (그러나
충실하게

그 견줄 수 없는
죽음의 침상에 그대의
리드미컬한
연인

      그대는 답한다

그들에게 오직

      봄으로)

버펄로 빌의

버펄로 빌의
사망
    그는 한때
    물처럼 매끄러운 은빛 종마를
                          타고
하나둘셋넷다섯마리 비둘기를그렇게갑자기 잡곤 했지
                         지저스

그는 잘생긴 남자였고
              내가 알고 싶은 것은
당신은 이 파란눈 소년이 마음에 드는지
죽음 씨

항상 그렇지 않을지도 몰라; 그리고 난 말하지

항상 그렇지 않을지도 몰라; 그리고 난 말하지
그대의 입술, 내가 사랑해온 그 입술이 다른 입술과
닿아야 한다면, 그대의 사랑스럽고 힘찬 손가락이 그의 심장을
움켜쥔다면, 멀지 않은 곳에 있는 내 심장처럼;
다른 이의 얼굴 위에 그대의 달콤한 머리카락이
놓인다면, 내가 아는 침묵 속에서, 아니면
몸부림치는 말들 속에서, 지나치게 떠들며
궁지에 몰린 영혼 앞에 무력하게 선 것처럼;

그래야 한다면, 그래야만 한다면―
내 마음속 그대여, 내게 약간의 말을 전해주오;
내가 그에게 가서, 그의 손을 잡고,
말할 것이오, 내게서 가져간 모든 행복을 **받아들이라고**.
그러면 나는 고개를 돌리고, 새 한 마리가
잃어버린 땅 아득히 멀리서 부르는 끔찍한 노랫소리를
들을 것이오.

상상해 봐

상상해 봐
삶이 머리 위에 꽃을 얹고 나르는 노인이라고.

젊은 죽음이 카페에 앉아 있다
미소 지으며, 지폐 하나를
엄지와 검지 사이에 끼고서

(나는 네게 말하지 "그가 꽃을 살까"
그리고 "**죽음**은 젊고
삶은 벨루어 바지를 입었고
삶은 비틀거리고, 삶에는 턱수염이 있어" 나는

아무 말 없는 네게 말하지.―"네게도
삶이 보여? 그는 저기와 여기에 있고,
아니면 그것, 또는 이것이고
또는 아무것도 아니거나 삼 분의 3은 잠들어 있는
노인이고, 머리 위에는
꽃이 있고, 항상 소리치는데

듣는 이가 없더라도 무언가
장미요 수레국화요 같은 말을
   그래,
      그가 살까?
아름다운 꽃다발이—오 들어 봐
, 저렴합니다")*

그리고 내 사랑은 그렇게 생각한다고 천천히 답했다. **그러나**

다른 이를 보고 있는 것 같다고

어떤 여성이 있다. 그녀의 이름은 **이후**
젊은 죽음 옆에 앉아 있는 그녀는 날씬하다:
마치 꽃처럼.

---

* 프랑스어가 활용된 구문. roses les bluets / yes, / will He buy? / Les belles bottes—oh hear / , pas chères")

봄은 어쩌면 손 같다

봄은 어쩌면 손 같다
(그것은 조심스레 나온다
어딘지 모르는 곳에서)그리고 창문을
정리하고,그곳을 사람들이 들여다본다(사람들이
응시하는 동안
정리하고 바꾸고 배치한다
조심스레 저기에는 생소한
것을 익숙한 것은 여기에)그리고

모든 것을 바꾼다 조심스레

봄은 어쩌면
창 안의 **손** 같다
(조심스레 앞으로
뒤로 움직인다 **새롭고**
낡은 것들을,사람들이
응시하는 동안 조심스레
어쩌면 꽃의 파편을

여기에 옮기고 조금의 공기를
저기에 놓는다)그리고

어떤 것도 깨뜨리지 않고.

누가 알겠어 혹시 달이

누가 알겠어 혹시 달이
풍선인지,하늘의 어떤 열정적인 도시에서
나왔는지—예쁜 사람들로 가득한 곳에서?
(그리고 만약 너와 내가

그곳에 간다면,만약 그들이
나를 데리고 너를 데리고 그 풍선 속으로 간다면,
그러면
우리는 예쁜 사람들 모두와 더 위로 올라가서

집과 첨탑과 구름보다도 더 높이 올라가서:
미끄러지듯
멀리멀리 날아가서 열정적인 도시
누구도 가본 적 없는 그곳까지 갈 것이고,그곳은

언제나
      계절이
            봄이다)그리고 모두는

사랑하고 있고 꽃들은 스스로 꽃을 딴다

나는 내 몸이 좋다 특히 내 몸이 네

나는 내 몸이 좋다 특히 내 몸이 네
몸과 함께일 때. 그건 꽤나 새로운 일이다.
근육은 강해지고 신경은 늘어난다.
나는 네 몸이 좋다. 네 몸의 움직임이 좋다,
네 몸이 움직이는 방식이 좋다. 네 몸의 척추와
뼈를 느끼는 게 좋다, 그리고 그 떨리면서
-단단한-부드러움 그리고 나는
다시 그리고 다시 그리고 다시
키스할 거야, 나는 네 여기저기에 키스하는 게 좋다
나는, 전기가 지르르한 것처럼 놀란, 네 솜털을
천천히 쓰다듬는 게 좋다, 그리고 이게-뭐지-싶은 기
분이 갑자기
  갈라진 살에 번지고 … 눈에는 커다란 사랑의 탄성,

  그리고 아마도 나는 그 전율이 좋다

  내 아래의 꽤나 새로운 네가 주는 전율

작은 트리

작은 트리
작고 고요한 **크리스마스** 트리
너는 정말 작구나
너는 거의 꽃 같다

누가 널 그 초록 숲에서 발견했지?
그곳을 떠나오는 것이 너무 안타깝지 않았니?
봐 내가 널 위로해줄게
네가 너무 향긋하니까

난 네 차가운 껍질에 키스할 거야
그리고 조심히 꼭 껴안을 거야
네 어머니가 그랬던 것처럼,
그러니 두려워하지 마

봐 그 스팽글들
일 년 내내 어두운 상자 속에 잠들어 있지
상자에서 꺼내져 반짝일 날을 꿈꾸며,

둥근 장식 체인 장식 빨간색 금색 솜털 뭉치,

네 작은 팔을 들어 봐
그러면 내가 그 모든 것들을 너에게 줄게
손가락마다 반지를 끼고
어둡거나 불행한 곳은 하나도 남지 않을 거야

그러면 너는 잘 꾸며 입고
모두가 볼 수 있도록 창가에 설 거야
그들이 널 어떻게 바라볼까!
오 그래도 너는 정말 자랑스러울 거야

내 어린 여동생과 나는 손을 잡고
우리가 만든 아름다운 트리를 올려다보겠지
우리는 춤을 추며 노래할 거야
"노엘 노엘"

인류 난 너희를 사랑해

인류 난 너희를 사랑해
왜냐하면 너희는 차라리 성공의 부츠를 까맣게
물들일 테니까 누구의 영혼이 그의 시곗줄에
매달려 있는지 묻지 않고 그런 질문은 양쪽 모두를 당황하게

할 테니까 또한 왜냐하면 너희는
움츠러들지 않고 박수 칠 테니까
고국과 어머니라는 단어가 담긴 모든 노래가
올드하워드 극장에서 불려질 때면

인류 나는 너희를 사랑해 왜냐하면
너희는 돈이 떨어지면 너희 지능을
저당 잡아 술을 마시고 그러다 너희
얼굴이 붉어지면 자존심이 전당포에

가지 못하게 붙잡을 테니까 또한
왜냐하면 너희는 끊임없이 실례를

저지르지만 특히 너희의
집에서 더 자주 그러니까

인류 나는 너희를 사랑해 왜냐하면 너희는
끊임없이 삶의 비밀을 너희 바지에
집어넣으면서 그것이 거기에
있음을 망각한 채 그 위에

앉아버리니까
또한 왜냐하면 너희는
영원히 죽음의 품 안에서 시를
만들고 있으니까 **인류**

나는 너희를 혐오해

시, 즉 아름다움은 바이날 씨에게 상처를 준다

그걸 내게서 가져가 꼬마야
괜찮아
내 조국, 그것은

네 것이야, 클루에트 셔츠*
보스턴 가터** 그리고 리글리 눈의
스피어민트 소녀***의 나라 (그것은 네 것
애로 이데와
얼 &
윌슨
칼라의 나라) 그것도 네 것 나는
노래한다: 에이브러햄 링컨과 리디아 핑컴****의 나라,

---

* 클루에트 피보디Cluett Peabody는 매일 세탁할 필요 없이 칼라만 탈부착하는 아이디어 제품, 애로 셔츠Arrow shirt를 출시, '애로 칼라 맨'을 광고에 등장시키면서 미국 남성용 정장 셔츠의 대명사가 되었다.
** 남성 양말용 가터벨트.
*** 리글리 눈의 스피어민트 소녀Spearmint Girl With The Wrigley Eyes. 리글리사의 스피어민트 광고에 사용된 소녀 그림.
**** 여성용 약 마케팅으로 유명한 발명가이자 사업가.

무엇보다도 **뜨거운 물만 넣으면 완성***의 나라—
모두 B. V. D.**로부터

자유가 울려 퍼지게 하라

아멘. 나는 그래도 저항한다, 그 비
-자발적이고 그 외에는 향긋한 배설물에 관해 그것은
그것을 (**모든 곳에서 어째서**) 성스러운 시로 받아들인다
그 급진적으로 죽어 있는 잡지에서. 나는

넌지시 말할 것이다 특정한 아이디어들 몸짓들
리듬들이, 마치 질레트 면도날이
사용되고 또 재사용되다가
무뎌지는 신비로운 순간에 도달하듯이 확실하게
다시는 날카로워지지 않는다고. (그런 **경우**는

---

* 캠벨 수프의 광고 문구.
** 미국의 남성 속옷 브랜드.

우리가 이 부드럽고 **오** 감미롭고

우울한 떨림을 오싹한 스릴러 속에서 믿으려면

이 어스름한 바이올리니스트들은 나와 네

마천루의 일부— 헬렌 & 클레오파트라는 **너무 사랑스러**

울 뿐이고,

가시덤불 위 달팽이는 아침을 맞으며 신은

그의 기타등등에 있지*

알겠니?) 아마도

토종인 개똥지빠귀에

따르면 **예술은 오 세계 오 삶****

공식은: 예를 들어, **셔츠 자락을 속바지로**

바꿔라*** 그리고 **그게 이스트먼******이 아니라면 그건

---

*   브라우닝의 시 *The Year's at the Spring*의 구절 "달팽이는 가시나무 위에 / 하느님은 하늘에"를 변형.
** 셸리의 시 *A Lament*의 첫 구절 "O world! O life! O time!"을 인용.
*** 1910년대 OLUS사의 일체형 상하의 셔츠 광고.
**** 코닥 창립자. 롤필름 발명.

코닥이 아니다[*] 그러므로 내 친구들아 이제
우리 모두 포르티시모로 노래하자 아-
메르
l

카, 난
너를,
사랑해. **그리고** 여기에는
수-백-수-억-타인-들, 마치
너희 모두처럼 성공적으로
섬세하게 거세된 (또는 절개된)
신사 (그리고 숙녀)— 예쁜

작은간알약[**]의-

---

* 코닥 광고 문구.
** 변비를 비롯한 만능 치료약.

마음을 가진-누졸*이 필요한-**이유가 있는****
미국인들 (긴장한 채 위를 향해
텅 빈 눈으로, 고통스럽게
끊임없이 낮게 웅크리고, 벌벌 떨면서, 엄격하게
할당된 모래산 위에서
—얼마나 고요하게
아주 작은 제비꽃향의 소란을 내뿜고 있는지: **악취?**

오노.***

칫솔 위에 반듯이 놓인 리본처럼 나온다****

---

* 옛날에 사용되던 변비약.
** 이유가 있다 There's a reason. 카페인 없는 커피 대체 음료 제조사 포스텀의 광고 문구.
*** 악취? 오노 Odor? ono. Odorono. 데오도란트 상품.
**** 콜게이트 Colgate가 만든 최초의 튜브형 치약인 리본 치약을 의미.

항상 지기만 하는 사람은 없어

항상 지기만 하는 사람은 없어

내게는 삼촌이 있었는데 그의 이름은
솔이었고 그는 타고난 패배자였는데
거의 모든 이들이 그에게 보드빌에
들어갔어야 했다고 말한 이유는 아마도 우리 솔 삼촌이
매캔은 크리스마스이브의 잠수부였네라는 곡을 죽기
살기로 불렀기 때문일 거고
 그것 때문인지 모르겠지만 우리 솔 삼촌은

아마도 가장 용서할 수 없는 일에 탐닉하게
되었고 그건 허세 부리는 표현을 사용하면
호화로운 사치이며 또는 더
정확히 말하면 농업이었는데
불필요하게
덧붙이자면

 우리 솔 삼촌의 농장은

망했는데 그건 닭들이
채소를 먹어버렸기 때문이었고 그래서
우리 솔 삼촌은 닭
농장을 운영하다가
스컹크가 닭들을 먹어버렸고

우리 솔 삼촌에게
스컹크 농장이 생겼지만
스컹크들이 감기에 걸려서
죽는 바람에
우리 솔 삼촌은 스컹크를
미묘하게 따라하다가

 물탱크에 들어가 익사했지만
 우리 솔 삼촌이 살아 있을 때 빅터 빅트롤라*와 음반을
줬던 어떤

---

* 빅터사의 내장형 축음기.

사람이 그가 사망한 상서로운 때에 그에게
아주 멋있는 데다가 말할 필요도 없이 대단히 훌륭한 장례식을 열어줬고
거기에는 검은 장갑을 낀 키 큰 소년들과 꽃과 모든 것이 있었으며

나는 우리 모두가 미주리강처럼 울었던 게 기억나는데
그건 우리 솔 삼촌의 관이 휘청했던 순간이었고 왜냐하면
누군가가 버튼을 눌렀기 때문이야
(그래서 넘어졌지
우리 솔
삼촌이

그리고 벌레 농장을 시작했어)

여러분 씨 혈기 왕성할 필요가 없어요

여러분 씨 혈기 왕성할 필요가 없어요
예술적인 척하는 질문들에 관해서는요

각자 취향이 다른 거죠 하지만 저로 말하자면요
저는 어떤 사람을 좋아해요

제게 건장한 남성의 단단한 축복을 주세요
여러분에게 어울릴 생각을 위해서요

나체의 아름다운 소녀는요
백만 개의 조각상만큼 가치가 있어요

그녀는 아주 새로

그녀는 아주 **새로**

워:그리고 너는
결과적으로 약간의 경직을
알고 있지 내가
그녀를 조심스레 그리고(철저하게

유니버설 조인트에 윤활유를
뿌리고 기름을 확인하고 그녀의
라디에이터를 느끼면서 스프링이 괜찮은지 **확인**.

하지.)나는 곧바로 축축한-카뷰레터로 가서 그녀의 크
랭크를

돌려,클러치를
풀고(그리고 나서 어떻게든 후진을 했고 그녀는
발을 구르며 이런
거지 같은)다음

순간에 나는 중립 기어로 돌아왔고 그리고

다시 천천-히;간신,히 살살 몰고. 나가면서(내

레-버 **오른쪽으로-**
오 그리고 그녀의 기어가 들어갔지
1 모양으로 그리고
낮은 기어를 지나
이 단-부터-가장-높은 기어까지 마치
전광석화처럼)우리가 막 디비니티가의 모퉁이를

돌 때 나는 액셀러레이터를 밟았고 그녀에게

주스를 준다,좋아

    (그것은
첫 번째 주행이었고 나는 우리는
그녀가 멋지게 움직이는 모습을 만족스럽게 감상하다가

마지막 순간에 돌아오게 되었지 퍼블릭
가든에서 나는 급브레이크를 밟았어
그

내부적팽창
&
외부적수축
둘다한번에 제동이 걸리고

그녀의 모든 떨
-림
이 죽:은듯한.

정지-
:**상태**로)

기념품

멈춰서 보고 &

들어보세요 베네치아를: 귀를
기울여주세요 무라노의
유리공예품에;
멈추세요
엘리베이터를 도로
한가운데서*는 산마르코 종탑
반밖에 올라가지 못했다는 뜻, 믿고 있어

당신은 나를 코코드릴로**—

내 눈은 보아왔지
그 영광

---

* nel mezzo del crammin. 단테 「신곡」의 첫 대사 중에서. 여정 한가운데서.
** 산마르코 광장 근처의 성 테오도르 조각상이 밟고 있는 악어.

그 도래

하는 **미국인들** 특히 그

상표 묘령의 님프가

커다란 다리들로 무장하고 산패한

목소리로 베데커* 마더스와 코닥

―밤이면 리바 스키아보니**에서 또는

아주 절묘하게 근처에 있는 유럽

그랜드와 로열

다니엘리***에서 그들의 수는

마치 **하늘**의 별처럼 헤아릴 수 없다…

저는 시뇨레

단언합니다 모든 곤돌라 시뇨레

---

* 독일의 칼 베데커가 발행한 여행안내서.
** 스키아보니 해안. 베네치아 산마르코 광장 근처 선착장 일대.
*** de l'Europe Grand and Royal Danielli. 고급 호텔명.

하루가 내 아래로 곤돌라 시뇨레 곤돌라
그리고 내 위로 지나간다고 시끄럽고 곤돌라
빠르게 오마하 앨투나 사람들이나
열광적이지 않은 덜루스* 사람들 오직 신만이
곤돌라 아시겠지 신시곤돌라내티 나는 곤돌라 몰라요

—상당한 달러를가져오는 여인들

"로지아**에서 우리가
어디에 있지 천사들이 오 그래
아름답군 우리는 이제 지나가지 저기 봐
소녀들 그 양식은
나뭇잎이네 그게 뭐지 러스킨이
뭐라고 했냐면 네가 그걸 가지고 아니야 마저리는
이 우물돌이 단순히 달링"

---

* 오마하, 앨투나, 덜루스. 미국의 도시들.
** 이탈리아 건축에서, 한쪽 벽이 없이 트인 방이나 홀.

−오 교육:오

토머스 쿡 & 선*

(오 메토프가 있다면
이제 여기엔 트리글리프**도 있겠지)

---

* 토머스 쿡이 설립한 세계 최초의 여행사.
** 유럽 고전 건축의 지붕 아래 장식부에 세로로·세 줄의 홈이 있는 트리글리프와 이곳 사이의 사각형 벽면 메토프.

도둑들 사이에 떨어진 어떤 남자가

도둑들 사이에 떨어진 어떤 남자가
길가에 등을 대고 누워 있었다
15류쯤 되는 아이디어로 치장하고
둥근 야유를 모자로 쓰고

운명은 덜보다는 다소 더욱
해방된 저녁마다
의식이 있음에 대한 보답으로
그에게 변치 않는 미소를 주곤 했다

그 위에서 수십 명의 확고하고 충실한
시민들이 멈춰서 풀을 뜯었고
그러고 나서 지나친 시민 열정으로 불붙어
더 새로운 목초지를 찾았다 또는 왜냐하면

얼어붙은 개울로 단단히 묶였기 때문이다
눈에서 나온 가장 분홍빛의 구토로 만들어진 개울
그건 그가 봤던 그 누구도 알아채지 못했다

마치 그가 일어나려고 노력하지 않은 것처럼

한쪽 손은 조끼 위에서 아무것도 하지 않았다
그 넓게퍼진 친구는 힘없이 먼지를 움켜쥐었다
한편 음소거된 바지지퍼는 인정했다
엄숙하게 기력 없는 단추 하나를.

누군가로부터 빳빳하게 굳은 구토를 **털어내면서**
나는 그를 내 품 안으로 데려왔다
그리고 공포로 쾅 부딪치며 비틀비틀 걸었다
수백 수억 수조 개의 별들 사이로

목소리에서 목소리로, 입술에서 입술로

목소리에서 목소리로, 입술에서 입술로
내가 (누구도 아닌 모두에게) 맹세하는 것은 불멸이
된다; 또는 이런저런 꽃잎이 반박하는 것은 무엇이든
지…
기이한 형태의 수면이 되어 존재한다

논리를 벗어난 것은 의지 밑에서 일어난다;
또한 이 순간들도 옮겨질 수 없다: 나는 말한다
심지어 **4월**이 지나고 나서도
신께 맹세코 5월에 대한 구실은 없다

―네 꽃들과 기계를 만들어라: 조각상과 산문
꽃들은 추측하고 놓치고
기계는 조금 더 정확한 것, 그래
기계는 그 물건을 전달한다. **하늘**은 알겠지

(하지만 유념해야겠지, 아직 깨어나지는 않았지만,
소리치고 매달리는 우리 자신을, 아주

잠깐이라도 그리고 쉽게 부서지는 우리를
최선을 다해 감시한다고 해도)

내 말은 살기 위한 막판과 언제나와 첫을 빼고
어떤 프로그램도 없는 금발이
너와 내가 믿는 것을 하찮게 만든다는 것이다;
또한 철학에 이 장미는 아무 관심도 없다…

네 폭죽을 터뜨려라, 그것은 피스톤과
피스틸이 섞이며 보여주는 장관; 매우 잘
제공된 어떤 순간은 고정될지도 모른다
다른 어떤 파스텔처럼 문지르지 않도록.

(너와 나에게는 입술과 목소리가 있고
그것은 키스하고 함께 노래하기 위한 것이지만
누가 신경 쓰겠어? 만약 어떤 애꾸눈이 개자식이
봄의 길이를 재는 기구를 발명한다고 해도

각각의 꿈은 타고나는 것이지, 만들어지는 것이 아닌 데…)

그러면 **대체** 어쩌라는 거야 그걸: 다른 하나와; 이것,
왜냐면 어쩌면 사실을 말하자면
꽃을 먹는 것과 두려워하지 않는 것.

"물론 위대한 아메리카 옆에서 나는

"물론 위대한 아메리카 옆에서 나는
그대를 사랑해 뭐 순례자 등등의 땅인 그대를 오
그대는 보이는가 새벽의 여명 속에서 내
나라 그 수 세기 동안 나타나고 사라지다가
이제 더는 없는 곳 그래서 우리는 걱정해야 해
모든 언어로 심지어 농아들조차도
그대의 아들들은 그대의 영광스러운 이름을 찬양해
어이쿠 이런 세상에 맙소사
어째서 아름다움을 말할까 무엇이 더욱 아름다-
울 수 있을까 이 영웅적이며 만족한 망자들
맹렬한 살육의 현장으로 사자처럼 돌진했던 그들보다도
그들은 멈추거나 자신들이 대신 죽는다고 생각하지 않
았다
그랬다면 자유의 목소리가 침묵할까?"

그가 말했다.   **그리고** 물 한 잔을 빠르게 마셨다

내 소중한 연로하시고 등등의

내 소중한 연로하시고 등등의
루시 이모는 최근 전쟁 중에

말할 수 있었고 게다가
정말로 너희에게 말을 했지 대체
모두가 싸우고 있는 목적이

무엇인지,
내 누이

이사벨은 만들었어 수백 개의
(그리고
또 수백 개의)양말을 게다가
셔츠에다가 벼룩방지 귀덮개에다가

등등 손목보호대 등등에다가, 내
어머니는 바라셨지

내가 전사하는 것 등등을
용감하게 말이야 물론 내 아버지는 한때
목이 쉴 정도로 말했지 전사하는 게
왜 특권인지 그리고 자신도
전사하고 싶다고 그때 내

자신 등등은 조용히 깊은
진흙 속에 누워 있었지 진흙 등

등 속에
(꿈을 꾸며,
등
   등, 바로
너의 미소와
눈과 무릎과 그리고 네 다른 **등등**을)

여기 작은 쥐가 있다)그리고

여기 작은 쥐가 있다)그리고
그는 무슨 생각을 하고 있나, 나는
궁금하다 이 바닥
위로(조용하게

눈을 빛내며)휙 움직이면서(아무도
알아챌 수 없다 왜냐하면
아무도 모르니까, 아니면 왜
휙 움직일까 **여기** &, 여기를,
마치(춤추)듯이 방의 **침묵** 속에서)이건 마치
가장 작은
시 한 편과
(조그만 귀와 함께 보여?

꼬리는 휙휙)
                (사라졌다)
"쥐",
      우리는 똑같지 않지 너와

나는, 왜냐하면 여기에 작은 그가 있으니까
아니 그가
아니라 **그것**인가
?　(아니면 우리가 거울에서 봤던 무언가였을까)?

그러니 우리는 키스할 거야: 아마도
무언가 **사라질** 때까지
우리 자신 속으로
그리고　(본다).　,깜짝 놀라서

모든 것에도 불구하고

모든 것에도 불구하고
숨 쉬고 움직이는 모든 것에도 불구하고, **파멸**은
(가장 긴 하얀 손들로
주름을 하나하나 펴면서 또)
우리 정신을 완전히 매만질 것이므로

—내 방을 떠나기 전에
나는 몸을 돌려서, 그리고(구부정하게
아침 내내)키스해
이 베개에, 그래
우리 머리가 살았고 존재했던 그곳에.

느낌이 우선이므로

느낌이 우선이므로
어떤 관심이든
무언가의 구문에 두는 이는
그대에게 결코 전적으로 키스하지 않을 것이오;

완전히 바보가 되는 것
그동안 세상에는 **봄**이 왔지만

내 피가 찬성합니다,
또한 키스는 더 나은 운명입니다
지혜보다
그대여 나는 이 모든 꽃에 맹세합니다. 울지 **말아요**
―내 두뇌가 보일 최선의 몸짓은
떨리는 그대의 눈꺼풀만 못하고 그것은

우리가 서로를 위한 존재라고 말하고 있어요: 그러니까
웃어요, 내 품 안에 다시 기대어
삶은 하나의 단락이 아니니까

또 죽음은 내 생각에 삽입구가 아니니까

만약 내가 만들었다면, 그대여, 복잡하고

만약 내가 만들었다면, 그대여, 복잡하고
불완전하며 다양한 무언가 그것도 주로 그대의
눈을 모욕한 것을(깊은 꿈 대부분이 연약한 것보다 더 연약한 그 눈)
　내 마음속 그대 몸의 가장 하얀 노래보다 확고하지 않은 노래로
　만들었다면—내가 덫으로 잡지 못했다면
　너무 수줍은 그 시선을—내 노래 사이로 빠져나간다면
　그대 미소의 매우 능숙한 낯섦이
　그대 머리카락의 열정적이고 원시적인 침묵이

—세상이 이렇게 말하게 하자 "그의 가장 현명한 음악은
죽음으로부터 아무것도 훔치지 못했다"—
　　　　　　　　　　　그대는 그저 만들 것이다
(너무나 완벽하게 살아 있는 그대는)내 수치심을:
그대여 그대의 심오하고 섬세한 입술을 스치며
그 달콤하고 작고 서투른 **4월**의 발이 들어왔다
내 영혼이라는 남루한 초원으로.

나는 올라프에 대해 기쁘게 큰 소리로 노래한다

나는 올라프에 대해 기쁘게 큰 소리로 노래한다
그의 가장 따뜻한 심장은 전쟁에서 움츠러들었다:
양심적 병역 거부-자

그가 경애하는 대령은(말쑥하고
가장 단순하게 성장한 웨스트포인트 육사 출신)
곧 부정한 올라프의 처벌을 맡았다;
하지만—비록 지나치게 들뜬 수많은
하사관들이(처음에는 그의 머리를 때려 그를
좌절시키고)얼음물에 무력한 그를
담그고 다른 이들은 그를
최근에 사용했던
진흙투성이 변기에 썼던 솔로 때리고,
그러는 동안 서로 비슷한 지식인들은
몽둥이질마다 충성심을 상기시키지만—
올라프는(사실상
시체와 같았고 신이 그에게
주었던 육체 위에 덮을 누더기가 필요했다)

대답한다, 화난 기색도 없이
"나는 그 엿 같은 국기에 입 맞추지 않을 것이다"

곧바로 그 은빛 독수리는 심각한 얼굴이 됐다
(그리고 면도하러 급히 자리를 떴다)

하지만—비록 모든 장교가
(갈망하는 국가의 파란 눈을 한 자랑거리)
그 수동적인 먹잇감을 발로 차고 욕하지만
그들의 명랑한
목소리와 부츠가 완전히 낡을 때까지,
그리고 선동된 일등병들은
누운 그의 직장 위에 서서 그를 사악하게 괴롭히며
능수능란하게 다듬어진
총검을 뜨겁게 달궈서 사용하지만—
올라프는(한때 무릎이었던 것을 꿇은 채)
거의 멈추지 않고 반복한다
"똥 덩어리가 있으니 **나는** 먹지 않을 것이다"

우리의 대통령은,시기적절하게
그 주장을 보고 받고서
그 누런개자식을 지하 감옥에
던져버렸고,거기서 그는 죽었다

그리스도여(당신의 무한한 자비에)
나는 기도합니다;그리고 올라프도,많이

보고 싶다고 기도합니다 왜냐하면
통계가 거짓말을 하지 않는 한 그는
나보다 훨씬 용감하고;너희보다 훨씬 금발이니까.

만약 어떤 천국이라도 있다면 내 어머니는 (스스로)하나를

만약 어떤 천국이라도 있다면 내 어머니는(스스로)하나를
가졌을 거야. 그건 팬지 천국도 아니고
은방울꽃의 연약한 천국도 아니겠지만
검붉은 장미의 천국이겠지

내 아버지는 아마도(장미처럼 색이 짙고
장미처럼 키가 크고)

내 근처에 서 있을 거야

(그녀의 침묵 너머로
흔들리면서)
정말 꽃잎인 눈으로는 아무것도

보지 못하고 시인의 얼굴로 그것도
정말 꽃이지 얼굴이 아닌 얼굴로
또
이렇게 속삭이는 손으로

이것은 나의 사랑하는 나의

      (갑자기 햇살 속에서
그는 고개를 숙이겠지,

& 정원 전체가 고개를 숙이겠지)

그러나 만약 죽은 마음속에 살아 있는 춤이

그러나 만약 죽은 마음속에 살아 있는 춤이
어째서,그건 사랑이다:그러나 가장 이른 태양의
작살에서 완벽하게 사라져야 하나
달의 최고의 마술,또는 돌들이 말하거나 또는 이름
하나가 우리의 한낱 우주보다 더 대단한
장관을 제어하거나,사랑은 거기에도 있다:
그리고 여기서 감옥에 갇히고,여기서 고문을 당하면서,
 사랑은 모든 곳에서 폭발하며 불구로 만들고 눈멀게
하고
 (그러나 분명 잊거나,소멸하지 않고,잠은
 사진 찍히거나,측정될 수 없다:다만 무시할 뿐
 정확한 두뇌의 하찮은 꼬리표를…
 —**누가** 무덤보다도 거대한 시를 휘두르는가?
 오직 **누구**로부터 시간이 피난처가 되지 않아야 하나
 이상한 세상 모두가 공개되어야 하는데도?
)**사랑**

만져도 될까 그가 말했고

만져도 될까 그가 말했고
(소리 지를 거야 그녀가 말했고
딱 한 번만 그가 말했고)
재미있네 그녀가 말했고

(건드려도 될까 그가 말했고
얼마나 그녀가 말했고
많이 그가 말했고)
안 될 건 없지 그녀가 말했다

(들어간다 그가 말했고
너무 깊이는 말고 그녀가 말했고
너무 깊은 게 어딘데 그가 말했고
지금 거기 그녀가 말했다)

이대로 있어도 될까 그가 말했고
(어떤 식으로 그녀가 말했고
이런 식으로 그가 말했고

키스해주면 그녀가 말했다

움직여도 될까 그가 말했고
사랑인 거지 그녀가 말했고)
네가 원한다면 그가 말했고
(하지만 넌 죽여주는 걸 그녀가 말했다

하지만 이런 게 인생이지 그가 말했고
하지만 네 부인은 그녀가 말했고
이제 그가 말했고)
아아 그녀가 말했고

(절정이야 그가 말했고
멈추지 마 그녀가 말했고
안 되겠어 그가 말했고)
천천히 움직여 그녀가 말했고

(와와왔어?그가 말했고

으으으음 그녀가 말했고)
넌 정말 끝내줘!그가 말했다
(넌 **내 거**야 그녀가 말했다)

동무들은 죽는다 그렇게 들었으니까)

동무들은 죽는다 그렇게 들었으니까)
동무들은 죽는다 늙었으니까
(동무들은 죽기를 두려워하지 않는다
동무들은 믿지 않고
동무들은 믿지 않을 것이다
삶의 존재를)그리고 죽음은 이유를 안다

(모든 좋은 동무를 여러분은 구별할 수 있다
그들의 이타적인 냄새로
좋은 동무들이 춤추는 모스크바 파이프로)
동무들은 즐긴다
프로이트는 멍청이를 안다
너희가 너희 팬지를 더럽힐 거라는 희망

모든 동무는 약간
꽤나 지독한 증오나 다름없다
(헛된 그루브로 여행하면서
신만이 이유를 알겠지)

그리고 나도 마찬가지다
(왜냐하면 그들은 사랑하기를 두려워하니까

한 남자를 상상하라, 어떤 것을 갖는다면

한 남자를 상상하라, 어떤 것을 갖는다면
그것보다 조금 더 나누어줄 남자를

(그의 가을의 겨울은 여름의 봄이 되고
그는 11월의 5월에 서서 움직였다)
누군가의 것으로부터(만약 시끄럽고 가장 어떤 시간이

그런 불멸의 고요한 어째서들을 어지럽히면)
기억은 이상하지 않은 인내심 있는 마음을 배울 수
없을 거야(온 세상의 부패한 학자들도 삶이
생계를 위해 규칙을 찾지 않을 것임을 추측할 수 없겠지)

그리고 어두운 시작들은 그의 빛나는 끝들
불이 차가운 것보다 훨씬 덜 외로운 누군가가
동침자들을 달들에게로 산들을 친구들에게로 데려갔
다

　—허벅지를 운명에 벌려라 그리고(만약 네가 아무것도

줄 수 없다면)**세상**이여,한 남자를 상상하라

정말 기운찬 꿈의말이 앞으로 나아간다(부드럽게모습을드러내며)

정말 기운찬 꿈의말이 앞으로 나아간다(부드럽게모습을드러내며)
 (또각)이(또각)정신 나간 것처럼 사람이 들끓는 이
 발광하는 도시 소리치는 거리를 지나며 아름다운

꽃들 그리고 오 그들이 던진 조명이 환하게 켜지면

 어두운 장소들마다 열리는 날카로운 구멍들 눈을 그린다 손을 만진다 신선-
 하게 그리고 이 놀란 무엇들은(날카로운 옷 생각 키스-하는 소망 신체)겁에-질려-꿈틀거리는 부끄러움 작은 어느 것들
 존재에 대한 **사랑 봄**에 대한 그것의 굶주림 일어날 일에 대한 목마름
 단 한 번 아름답게 일어나는 일
    절뚝이는 사람 옆에서 누더기를 걸치고
 위쪽을 향해 침묵으로 소리치는 남자는
      —**아름다움**을 맛보았고

단 한 번을 알았고 일어나는 일의 냄새를 맡았고—춤추는
아이들을 지나 깡충 거기엔
 빨강 파랑 노랑 보라 하양 주황 초록-
 색들

 오 정말 기운찬 꿈의말이 움직인다(말의 발은
거의 허공을 걷는 듯하다). 이제 그가 멈춘다. **웃는다**.그가
 발을 구른다

여호와는 묻히고, 사탄은 죽었고,

여호와는 묻히고, 사탄은 죽었고,
경외자들은 **풍요**와 **신속**을 숭배하는가;
악이 나쁘게 느껴지지 않으니,
스스로 선을 온순한 것으로 여긴다;
순종하라 톡이 말하고, 복종하라 틱이 말한다,
영원의 5개년 계획:
고통을 동반한 **쾌락**이 저당 잡혀 있다면
누가 감히 자신을 인간이라 부르겠는가?

꿈 없는 악당이 되어라 **그림자**를 먹는,
네 **해리**는 **톰**이고, 네 **톰**은 **딕**이다;
장치들이 꽥꽥 죽이고 더하는 동안,
동일함의 추종은 그저 세련된 것;
기구를 이용해, 깨끗함 깔끔함 둘 다,
정당하게 측정된다 **깨끗하고 깔끔하게**:
마이크에 키스하기 위해 유대인이 카이크*가 된다면

* 유대인을 비하하는 말.

누가 감히 자신을 인간이라 부르겠는가?

시끄럽게 **진실**을 위해 거짓말쟁이가 애원한다면,
자유를 위한 힐을 신고 노예들은 또각 소리를 낼 것이다;
가슴은 성스럽고, 시인은 미친 곳에서,
걸출한 **진보**적인 녀석들은 날카로운 비명을 내지른다;
영혼이 법으로 금지되고, **심장**이 아플 때,
심장이 아프니, **마음**은 아무것도 할 수 없고:
혐오가 게임이고 **사랑**이 φυκ*이라면
누가 감히 자신을 인간이라 부르겠는가?

그리스도 왕, 이 세상이 모두 누출되고 있다;
그러나 구명구는 하나도 없다:
그리고 파도는 그만이 걸을 수 있겠지
누가 감히 **그**를 인간이라 부르겠는가.

---

* 욕설 fuck을 그리스 문자로 의도했다.

이 마음이 전쟁을

이 마음이 전쟁을
관대하게 만들었다
이 심장이 감히 할 수 있었다)
비非심장들은 덜 할 수 있다

비마음들은 두려워해야 한다
어떤 오물이 여기에
있으니까 그리고 왜 있는지를
비삶들은 소리친다

그에게 그들은 똥을 눴다
그들은 똥을 눴다 앙코르
그가 웃으며 침을 뱉었다
(이 삶은 감히

자유롭게 줄 수 있다
마치 친구가 주는 것처럼
노예처럼 일하는 이들이 아니라

비자아들이 빌려주는

희망의 희망을 위해
구구구하거나 우우우해야 하고
뽐내며 걷거나 기어갈 수도 있다
비관대한 그

유인원은 능숙하게 조준한다
그들은 감히 공유하지 않는다)
그런 것이 그들을 성공하게 한다
(이 시인은 전쟁을 만들었다

그것의 무가치함까지도
태양은 그리고 달은
타당하게 오고 잔혹하게 오고
그는 홀로 간다

대담하게 감히 나서면서

쾌락의 쾌락을 위해)
어떤 악취가 여기에 있는가
비시인들은 소리친다

비바보들은 비자유를 누린다
살아 있는 비죽음들
그들은 존재하지 않을 것이고
그들은 존재했다면 안 된다

그에게 그들은 방귀를 뀐다
그들은 방귀를 뀐다 매우 자주
(마음으로 심장으로
그는 침을 뱉으며 웃었다

자아로 생명으로
이 시인은 일어났다
혐오도 애도도
가는 곳으로 갈 수 없다

이 의문 없는 영혼
가장 외로운 길
누가 감히 걸어갈까
거의 이 신

이 분명한 꿈을
아마도 이 유령을)
겸손하게 그리고 누군가
최악 혹은 최고를 위해

(그리고 자랑스럽게
단지 자라는 것들
그리고 비의 날개들
눈의 새들

이름 없는 것들
이유를 넘어서
비난 위의 것들

칭찬 아래의 것들

기쁜 것들 또는 자유
진실로 살아 있으며
항상 존재할 것
결코 존재하지 않았거나)

경례해도 될까
(달 곁에서 태양 곁에서
나는 깊이 인사한다
이 바보와 인간에게

사랑의 기능은 미지의 것을 조작하는 것

사랑의 기능은 미지의 것을 조작하는 것

(소망이 없다고 알려졌지만;사랑은,소망의 모든 것)
비록 삶은 거꾸로 살아지고 있지만,같음이 일치를 질식시키지만
진실은 사실과 혼동되고,물고기는 낚시를 자랑하지만

그리고 인간들은 벌레에게 잡히고(사랑은 신경 쓰지 않겠지
시간이 비틀거리고,빛이 늘어지고,모든 단위가 늘어나도
놀라지도 않겠지 생각이 별을 저울질한다고 해도
—두려움은 가장 조금 죽고;덜 죽고,죽음은 끝나야겠지)

연인들은 얼마나 운이 좋은가(그들의 자아는
발견되어야 하는 것들 아래에 깃든다)
그들의 무지는 각자의 숨이 감히 숨기고 있다
가장 기막힌 지혜가 보기 두려워하는 것 이상으로

(웃고 우는 자들)꿈꾸고,창조하고 죽이는 자들
전체는 움직이는데도;모든 부분은 그대로 멈춰 있네:

(잊혀진)죽음이 자신의 우주를 걸치고

(잊혀진)죽음이 자신의 우주를 걸치고
하품했다:비가 올 듯하다
(그들은 영원히 놀았다
언제의 조각들로)
그건 네 것이야:내 짐작으론
너는 내게 고통을 빌려줘야 할 거야
그 영구차를 가져가기 위해,
다시 만나자.

(발견된)**사랑**이 예쁜 장난감들의 태엽을 감았다
장난감 스스로는 알 수 없을 만큼 예쁜 장난감:
지구가 아주 작게 빙빙 돈다;
그동안 데이지가 자란다
(그리고 소년들과 소녀들도
그런 식으로 속삭여왔다)
그리고 소녀들은 소년들과
잠자리로 향할 것이다,

(언젠가-언젠가 나라를 나는 이야기한다

(언젠가-언젠가 나라를 나는 이야기한다
다정한 멍청이들이 둥글게 둘러앉아서
감히 서지도 앉지도 못하고
어쩌면 누울지도 모른다)

인간의 영혼을 타도하라
그리고 통조림 안에 들어 있지 않은 모든 것도
모두가 통조림 따개를 가지고 있으니까
언젠가-언젠가 나라에서는

(언젠가-언젠가 나라는 이런 곳이다
단순할 수 있을 만큼 단순한 곳
일부러 그런 방식으로 세워졌다
우리처럼 단순한 사람들에 의해서)

지옥과 천국을 타도하라
그리고 모든 종교적 야단법석도
무한은 우리 부모들을 기쁘게 했다

1인치쯤은 우리에게도 좋아 보인다

(언젠가–언젠가 나라는 이런 곳이다
정확하고 안전하고 알려진 곳
불행할 수 있는 것이 행운인 곳
히틀러가 콘*과 함께 누워 있는 곳)

무엇보다도 사랑을 타도하라
그리고 변태 같은 모든 것도
또는 어떤 느낌을 더 좋게 만드는 것도
모두가 덜 나쁘게 느껴야 할 때에

(그러나 오직 같음만이 정상이다
언젠가–언젠가 나라에서는
몸에 안 좋은 시가는 여자니까
하지만 분비선은 분비선일 뿐이니까)

---

*   로이 콘Roy Cohn. 매카시즘 열풍에 편승했던 미국의 악명 높은 변호사.

내 전문은 생활이야 한 남자가

내 전문은 생활이야 한 남자가
말했다(그는 밥벌이를 할 수 없다
머리를 팔지는 않을 거니까)

분대원들이 참지 못하고 곧장 응수했다
2억 마리 공공연한 이가 들어 있는
바지 한 벌로(이미 죽었다)

만약 내가

만약 내가

또는 누구도 알지
못한다면 어디에서 그것의 그녀의 그의

나의 다음 식사가 오고 있는지
나는 그딴 거엔 관심 없다고
그런 건 중요하지 않다고 말한다(그리고 만약

그 그녀 그것 또는 모두가 얻어
맞는다면 내 손가락을
들어 올리지 않고서 그러면 나는 그딴 거에
관심 없다고 그런 건

중요하지 않다고 말한다)그러나
만약 누군가가
또는 네가 아름답거나
깊이가 있거나 관대하다면 내가

할 말은

휘파람 불고
노래하고 소리치고 철자를
말하는 거다 그것도 크게(우주광선 전쟁
지진 기근보다 크게 또는 그 한때

왕자였고 어딘가로 뛰어들어서
이름 모를 아가씨의 뭐더라
아마도 핸드백을 구하려던 사람보다 크게)왜냐하면 난
그게 멋지지 않다고

말할 테니까(이해해줘)자기 형편없지(날 이해하지)않은
아이 그건 다른 거야 내 사랑(내 느낌에 그건

진실)

내 심장이 항상 열려 있기를 작은

내 심장이 항상 열려 있기를 작은
새 삶의 비밀인 새들에게
그들이 노래하는 것은 무엇이든 앎보다 낫고
그들의 노래를 듣지 못하는 이들은 늙었다

내 마음이 어슬렁대기를 굶주렸으나
두려움 없이 목마르지만 유연하게
또한 일요일이라고 해도 내가 틀렸더라도
언제든 그들이 옳다면 그들은 어리지 않다

또 내 자신이 그 어떤 것도 쓸모없기를
또 너 자신을 진실하게 그보다 더 사랑하기를
지금까지 그런 바보는 없었다 머리 위
모든 하늘을 미소 하나로 끌어당기지 못하는 사람은

너는 그 무엇보다도 기쁘고 젊을 것이다.

너는 그 무엇보다도 기쁘고 젊을 것이다.
네가 젊다면,네가 어떤 삶을 입고 있어도

그건 네가 될 테니까;그리고 네가 기쁘면
그 어떤 삶도 너 자신이 될 테니까.
소녀같은소년들 소년같은소녀들의 필요에 지나지 않을 것이다:
나는 전적으로 오직 그녀만을 사랑할 수 있다

그녀의 어떤 수수께끼도 모든 남자의
육체가 우주를 입게 만들고;그의 마음이 시간을 벗게 한다

그것은 네가 생각해야 하는 것,신이 막을 것
그리고(그의 자비로)네 진실한 연인이 모면하도록:
그것이 지식이 놓인 방식이니까,태아의 무덤은
진보라 불리니까,그리고 부정은 파멸하지 않은 채 죽어 있으니까.

나는 한 마리 새에게 노래하는 법을 배우는 게 낫겠다
만 개의 별에게 춤추지 않는 법을 가르치기보다는

붉은 헝겊과 분홍 깃발

붉은 헝겊과 분홍 깃발
검은셔츠와 갈색셔츠
뽐내며 빠르게 걷는 자 악취를 풍기며 뻐기는 자
모두가 도시로 왔다

어떤 이들은 그들이 총 맞기를 바라고
또 어떤 이들은 그들이 목매달리기를 바라고
또 어떤 이들은 그들이 여자에 빠지기를 바란다
아홉 달 어린

자유는 아침식사이므로

자유는 아침식사이므로
또는 진실이 옳고 그름과 공존할 수 있으므로
또는 두더지 흙 두둑들이 산으로 만들어졌으므로
―적당히 길고 그저 너무 길지만
존재는 유추에 대한 임대료를 지불하겠지
천재는 재능있는패거리 비위를 맞추고
물은 불길을 가장 조장한다

 모자걸이가 복숭아나무로 자라나므로
 또는 희망이 대머리의 머리카락에서 최고의 춤을 추므로
 그리고 모든 손가락은 발가락이고
 어떤 용기도 공포이므로
 ―적당히 길고 그저 너무 길지만
 불순한 자는 모든 것이 순수하다고 생각하겠지
 말벌은 아이들에게 쏘여서 비명을 지른다

 또는 눈이 보이는 이들은 맹인이므로

울새는 절대 봄을 환영하지 않으므로
납작한 사람들은 자신들의 세상이 둥긆을 입증하지 않고
딩 사람들은 동이 틀 때 죽지 않고
평범함은 드물고 맷돌은 떠오르니
―적당히 길고 그저 너무 길지만
내일은 너무 늦지 않을 것이다

벌레는 낱말이지만 환희는 목소리이고
하강은 무엇으로 가야 하고 상승은 누구로 와야 한다
가슴은 가슴일 것이고 허벅지는 허벅지일 것이지만
행위는 꿈이 할 수 있는 것을 꿈꿀 수 없다
―시간은 나무다(이 삶은 이파리다)
하지만 사랑은 하늘이고 나는 너를 위한 존재다
그저 너무 길지만 적당히 길다

누구가 예쁜 어떻게 마을에 살았다

누구가 예쁜 어떻게 마을에 살았다
(그곳에선 많은 종소리가 위로 아래로 떠오른다)
봄 여름 가을 겨울
그는 못 해낸 것을 노래했고 해낸 것에 춤췄다.

여자들과 남자들은(모두 작고 조그맣다)
누구를 전혀 좋아하지 않았다
그들은 없는 것을 파종하고 같은 것을 수확했다
해 달 별 비

아이들은 짐작했다(아주 소수에 불과했지만
그리고 위로 자라면서 아래로 잊었다
가을 겨울 봄 여름)
아무도가 그를 점점 더 사랑했음을

언제나 지금이나 나무나 나뭇잎이나
그녀는 그의 기쁨에 웃었고 그의 슬픔에 울었다
쌓인 눈 속엔 새가 있고 고요 속엔 동요가 있으나

누구의 어떤 것도 그녀를 위한 것이었다

어떤 이들은 그들의 전부들과 결혼했고
그들의 눈물에 웃고 그들의 춤에 웃었다
(자고 깨고 바라고 그러고는)그들은
불가능을 말했고 꿈으로 잠잤다

별 비 해 달
(그리고 오직 눈﹅만이 설명을 시작할 수 있다
어떻게 아이들이 기억하는 것을 쉽게 잊는지
그러면서 많은 종소리가 위로 아래로 떠오르는지)

어느 날 누구가 죽었던 것 같다
(그리고 아무도가 몸을 숙여 그의 얼굴에 키스했다)
바쁜 사람들이 그들을 나란히 나란히 묻었다
조금씩 조금씩 그들이 그들이

모두 모두 깊이 깊이

그리고 더욱 더욱 그들은 잠으로 꿈꾼다
아무도 누구도 4월에는 땅으로 돌아간다
소망하는 영혼과 가정의 수긍을 갖고.

여자들과 남자들은(모두 동하고 딩이다)
여름 가을 겨울 봄
파종한 것을 수확했고 왔던 곳으로 갔다
해 달 별 비

내 아버지는 사랑의 파멸들을 헤치고 나아갔다

내 아버지는 사랑의 파멸들을 헤치고 나아갔다
존재의 동일함들 헤치고 베풂의 행동들 헤치고,
각각의 밤에서 나오는 각각의 아침을 노래하며
내 아버지는 높이의 깊이들을 헤치고 나아갔다

이 움직임 없는 망각의 어디는
그가 바라보면 빛나는 여기로 바뀌었다;
그 만약은(너무나 소심한 공기가 단단하다면)
그의 시선 아래에서 동요하고 꿈틀대곤 했다

매장되지 않은 것에서만큼 새롭게 그것은
첫 번째를 떠오르게 한다,그의 4월의 손길은
잠자는 자아들이 자신들의 운명으로 나아가게 했고
꿈꾸는 그들을 그들의 유령 같은 뿌리로 깨웠고

그리고 어떤 어째서 완전히 흐느끼면
내 아버지가 손가락들로 그녀를 잠들게 했다:
전혀 작지 않은 목소리가 헛되이 소리칠지 모른다

산이 커지고 있음을 그가 느낄 수 있으니까.

바다의 계곡들을 **들어 올리며**
내 아버지는 기쁨의 비탄들을 헤치고 나아갔다
달이라 불리는 이마를 칭송하며
욕망이 시작으로 향하도록 노래하며

기쁨은 그의 노래였고 기쁨은 너무나 순수했다
별들로 이루어진 심장을 그는 이끌 수 있었다
순수는 너무나 현재요 현재는 너무나 긍정이었고
황혼의 손목들은 기뻐하곤 했다

한여름의 열정만큼 열렬한 그 너머에
태양의 마음을 품고서 버티고 있다,
너무나 엄격하게(극도의 그 위로
너무나 거대하게)서 있는 내 아버지의 꿈

그의 육체는 육체요 그의 피는 피였다:

굶주린 사람조차도 그에게 음식을 주고자 했다;
불구자조차도 1마일을 기어가곤 했다
언덕 위로 올라가 그저 그의 미소를 보기 위해.

의무와 예정의 화려한 허식을 **경멸**하며
내 아버지는 느낌의 파멸들을 헤치고 나아갔다;
그의 분노는 비처럼 곧았고
그의 연민은 곡식처럼 푸르렀다

한 해의 9월 같은 팔은 풍요를 베푼다
덜 겸손하게 적과 친구에게
어리석은 자와 현명한 자에게
헤아릴 수 없는 존재를 제공할 때보다

자랑스럽게 그리고(10월 같은 화염으로
손짓했다)지구는 아래로 오른다,
그렇게 불멸의 작업을 위해 벌거벗은 채
그의 어깨는 어둠에 맞서 행진했다

그의 슬픔은 빵처럼 진실했다:
어떤 거짓말쟁이도 그의 얼굴을 똑바로 보지 못했다;
만약 모든 친구가 그의 적이 된다면
그는 웃고서 흰 눈으로 세상을 세울 것이다.

내 아버지는 우리의 그들을 헤치고 나아갔다,
각각의 나무에 달린 각각의 새순을 노래하며
(그리고 모든 아이들은 확신했다 봄이
내 아버지의 노랫소리를 들으면 춤을 춘다고)

그러면 사람들이 공유할 수 없는 것을 죽이게 하라,
피와 살은 진흙과 진창이 되게 하라,
책략은 상상이며,열정은 의지,
자유는 사고파는 약물이라

베풂은 절도이며 잔혹함은 친절이며,
심장은 두려움,의심은 마음이다,
서로 다른 것은 같음의 질병이며,

개개의 정점에 순응한다

비록 지루함이 우리가 맛본 생기의 본질이었으나,
씁쓸함이 아주 달콤한 모든 것의 본질이며,
구더기 들끓는 말 없는 죽음이
우리 모두가 물려받고, 물려주는 것이다

그리고 그 무엇도 진실만큼 매우 적지 않다
―그러나 나는 증오가 인간이 숨 쉬는 이유였다고 해도 믿는다―
내 아버지는 영혼으로 살았으니까
사랑은 전부고 모든 것을 뛰어넘는다고

나는 어떤 세상도

나는 어떤 세상도

널 붙잡을 수 없고
볼 수 없다고 생각한다
왜냐하면
그리고 어째서 그러나
(너는
뿜어져 나오는 그의 증기 안-
에 서서
모든 것을 노래하기 시작했다
여기에는 수동식 기계 그것은 전혀

좋지 않고 너무 빨라 난 알아 네가
가게에 돈을
너무 많이 낸
이 정장 그래
너무 많이 오 훨씬 저렴했다
  나를 나는 일하고 나는 알고 나는 말하고 나는 가지

지 않는다 어떤 것도
결코
휴가조차도 여기에서는

있다 손이 있다 일이 왜냐하면 내가
태어난 건 좋으니까
그러나 거기에 이 저렴한 이 정장 너무나
빨라서 거기 어울리지 않네 모든
-것에
아무 데도 나는
세상이 네게
맞지 않는다고
말한다)그는

맞지 않다(나는 세상을 말한다
그래 어떤 세상도 훨씬
너무나 충분히 크지 않아서
하나의 아주 작은 이것도 붙잡지 못한다

시간의
가장 얼마나
셀 수 없는
고통
그 이상으로

임신한 이는 두려움 없고
이 좋은 것은 그래
완전히 친절한
마음심장 같은 이 진실한 이 관대한 어린이-
인간
-신 같은 이 열렬한
영혼인형 같은 이
판매할 수 없고 구매할 수 없고 살아 있는
이 그것을 나는 인간이라고 말한다)이

골드버거

이 아이들은 돌로 노래한다 그

이 아이들은 돌로 노래한다 그
돌의 침묵 속에서 이
작은 아이들은 돌에 상처를 입었다
꽃들이 피어난다 영

원히 이 고요하게 작
은 아이들은 꽃잎이고
그들의 노래는 언제나의
꽃이고 그들의 돌의

꽃들은
고요하게 노래하고 있다
고요보다 더 고요한
노래를 이 언제나

아이들은 영원히
노래로 둘러싸여 노래한다
만개한 꽃을 돌의

아이들은 만개한

눈을 하고
안다 그
작 은
나무가 듣고 있는지

영원히 언제나 어린이들의 영원한 노랫소리를
그 노래는
노래의 침묵으로 만든 돌처럼 침묵으로 만든
노래

원전 시집 목록

1. 튤립과 굴뚝Tulips and Chimneys, Thomas Seltzer, 1923.
2. &, (자비 출판), 1925.
3. 시 XLIXLI Poems, The Dial Press, 1925.
4. 이즈 5is 5, Boni & Liveright, 1926.
5. 비바ViVa, Horace Liveright, 1931.
6. 노 땡스No Thanks, Golden Eagle Press, 1935.
7. 시 모음집Collected Poems, Harcourt, Brace and Company, 1938.
8. 시 50편50 Poems, Duell, Sloan & Pearce, 1940.
9. 1×1, Holt, 1944.
10. XAIPE*—시 71편XAIPE-Seventy-One Poems, Oxford University Press, 1950.
11. 시 95편95 Poems, Oxford University Press, 1958.

---

* XAIPE. χαῖρε. 고대 그리스어로 '매우 기뻐하다', 또는 인사말.

옮긴이의 말

 학교에서 시 수업 시간에 커밍스 시와 처음 마주했던 때가 떠오른다. 비슷한 시기에 활동한 다양한 작가들의 작품을 읽어보고 매주 원하는 시를 하나 골라서 번역해보는 수업이었다. 커밍스의 작품은 특이했다. 소문자로만 이루어진 그의 짧은 시 한 편은 첫 행부터 경쾌한 리듬이 느껴졌다. "maggie and milly and molly and may" 눈으로 보는 것보다 소리 내어 읽을 때 훨씬 흥미로운 시였다. 그런데 경쾌한 리듬과는 달리 작품을 끝까지 읽으면 이상하게 쓸쓸한 기분이 들었다. 그 점이 흥미로워서 그가 어떤 사람인지 찾아보기도 하고 그 작품을 번역해볼지 잠깐 고민하기도 했다. 결국에는 그의 작품 대신에 시어들의 소리가 더 강렬하게 느껴지는 다른 작품을 '실험 대상'

으로 고르기는 했지만, 그래도 커밍스의 시는 한동안 내 기억 속에 남아 있었다. 물론 그때만 해도 이런 식으로 그와 다시 만나게 될 줄은 몰랐다.

다른 이야기를 하기 전에 우선 커밍스의 작품세계와 특징에 관해 간단히 소개해야겠다. 커밍스는 20세기 초중반에 활동했던 미국의 시인이다. 그의 시를 보면 우선 시각적인 특징이 눈에 띈다. 커밍스는 자신의 이름도 소문자로 쓰는 사람으로 유명했고 (물론 이름을 항상 소문자로 쓴 것은 아니라고 한다. 다만 영어에서 '나'를 뜻하는 'I'는 거의 늘 소문자 'i'로 썼다) 작품에서 띄어쓰기나 문장부호를 제멋대로 사용하거나 대문자를 써야 할 곳에 소문자를 즐겨 쓰는 등 문법 규칙도 자주 무시했다. 앞에서 잠시 언급한, 시선집 2권에 수록된 시 「매기와 밀리와 몰리와 메이가」에도 그런 특징이 잘 드러난다. 그 외에도 커밍스는 단어를 마음대로 조합한 합성어를 사용하기도 하고 의문사를 명사로 사용하는 등 품사도 마음대로 변형해서 사용했다. 그가 즐겨 쓴 이러한 장치들은 다양한 효과를 낸다. 예를 들어, 띄어쓰기는 독자의 호흡을 조정하는 역할을 할 수 있다. 시선집 1권 「버펄로 빌의」 시에서 "하나둘셋넷다섯마리"처럼 띄어쓰기를 무시한 부분에서는 버펄로 빌이 빠르게 사냥을 하고 있는 듯한 속도감

이 느껴지고, 같은 책 첫 번째 시「방금」에서 공백을 추가한 "멀리서 그리고 휘이" 같은 부분에서는 먼 곳에서 풍선 장수가 다가오는 듯한 거리감이 느껴진다. 문장 부호 또한 생략된 곳이 많은데, 이로 인해 구문의 연결이 모호해지면서 독자들은 같은 구문을 다양한 방식으로 해석할 수 있게 된다.

이러한 시각적 특징을 보면 커밍스가 매우 파격적인 시인인 것 같지만, 꼭 그런 것은 아니었다. 의외로 그는 유럽의 정형시인 소네트처럼 전통적인 방식으로 운율을 만드는 일이 많았고, 그가 시에서 다루는 주제도 사랑과 자연 등 서정적인 것이 많다. 물론 20세기 초중반 당시 시대를 반영한 정치적인 시나 지금 시각으로 보기에는 성차별적이거나 편향적으로 여겨질 수 있는 자신의 사상을 담은 다소 공격적인 시도 상당수 존재한다. 그의 작품을 번역하는 내내 이런 그의 작품 속 내용을 제대로 전달하면서도 그의 시가 가진 독특한 시각적, 문법적 특성들까지 포기하지 않고 번역할 방법이 없을지 고민했다.

하지만 어떤 작품이 한 언어에서 다른 언어로 옮겨지는 과정에서는 필연적으로 사라지는 부분이 생길 수밖에 없다고 생각한다. 그렇게 사라지는 부분을 줄이기 위해 가

능한 한 많은 실험을 해보고 싶었지만, 애초에 한 언어로 다양한 실험을 했던 작품을 다른 언어로 옮겨보겠다는 무모한 도전을 한 상태에서 '과감한 실험'이라는 더 무모한 일을 벌이지는 못했던 것 같아서 아쉽다. 앞에서 말한 것처럼 우리말에서도 확실한 효과를 보이는 띄어쓰기나 문장부호는 웬만하면 같은 효과를 갖도록 전달하려고 했으나 문법적 실험들까지 옮기는 데는 어려움이 있었다. 이번 작업을 하면서 가졌던 또 다른 생각 하나는 시에는 정답이 없다는 것이었다. 그리고 그렇게 생각했기 때문에 감히 시를 시로 번역하겠다고 나설 수 있었던 것 같다. 다른 작품들도 마찬가지겠지만 특히 커밍스 작품은 다양한 해석의 여지가 있어서 한 작품에 한 가지 답만 존재한다고 생각하지 않는다. 그런 맥락에서 이 책을 읽는 독자들도 이 시선집을 그의 작품을 바라보는 여러 관점 가운데 하나로 받아들여주었으면 좋겠다.

작품을 이해하는 데 국내외 수많은 학자들의 연구가 큰 도움이 됐다. 그분들에게 고마움을 느낀다. 또 시 번역을 공부하고 이런 작품을 번역할 기회를 얻을 수 있게 도움을 주신 정하연 교수님을 비롯한 이화여대 통역번역대학원 교수님들께도 감사의 말씀을 드리고 싶다. 커밍스와 씨름하는 동안 늘 힘이 되어준 사랑하는 남편에게도 언제나 감사하다. 그리고 무엇보다 나를 믿고 번역의 방향을 잡을 수 있게 도와주신 미행의 편집자 선생님 두 분께 감사의 마음을 전하고 싶다.

2022년 5월
송혜리

편집 후기

　e. e. cummings e. e. cummings 이 책은, 커밍스 시선집 1권과 2권은 한 권의 원서에서 출발했지만 두 권으로 분권하게 되었고 작업 도중 결정한 일이었다. 원서에는 차례가 책 끝에 INDEX OF FIRST LINES로 되어 있다. 시의 첫 행이 나와 있다. 차례 격인 셈이다. INDEX도 아니다. 차례가 없다. 시들은 번역서로 데려오면서 편의상 제목을 붙인 것이지 대체로 제목이 없다. 그래서 정작 제목이 있는 몇몇 시는 INDEX OF FIRST LINES에 제목은 없고 첫 행이 있다. 제목은 없다 … 당연한가? … e. e. cummings Edward Estlin (E. E.) "이건 영어가 아니잖아요." 번역가 선생님이 말했을 때 아- 어쩌죠, 겉으로는 그러면서 '그럼 더 재밌겠는데' 했던 나. 번역 원고가 들어

오고 이제야 진짜 마주한 원서를 같이 보면서 '우리가 어리석은 일을 저질렀구나' 했던, 떠나지 않던 생각도 적어둬야겠다. 시는 언제나 봄이고 겨울이고 사랑이라고 커밍스는 말할 것 같다. 인간은 누구나 터보건을 탄다고. 나라면 인간은 누구나 그대에게 가기 위해 터보건부터 수리한다고 부연하겠다. 커밍스는 날 이렇게 만든다. 나는 아까 잠시 누웠다 왔다. 시가 꽤 많고 차례는 없고 작업이 힘들었고 (시에 제목이 없어서 심지어 시가 어디서 끝나고 새로 시작되는 건지 잘 알 수 없다. 혼란을 의도한 것처럼 그렇게 조판돼 있다. 악랄하다.) 번역된 시 첫 줄을 보고 가망이 없는 민망한 영어 실력으로 원문과 페이지를 e e 가늠하면서 원서의 시를 반복해서 수색하던 기억이 떠오른다. 그럼 한국어판도 차례 없이 갈까 하다 관두었고. 원전 시집 목록은 번역가 선생님이 수고해주셨다. 현재 유일한 커밍스 시집이기에 자료의 의미로 마련해본 것이다. **1, 2권에 걸쳐 시 100편가량이 수록돼 있고 커밍스 Cummings가 자신의 11권의 시집, 30년이 넘는 시 쓰기 기간에서 직접 가려 뽑은 것이다. 죽기 좀 전에.** 부드럽다. 교정은 어려웠다. 하고 싶은 말이 많지만, 편집자 하면서 온점 개수를 센 적은 있어도 띄어쓰기 수를 세어가며 본 교정은 처음이었다. 직설이 어울리는 문장. 하지만 아름다움. 커밍스cummings. 출판하는 일은 특히 문학 번역서는 하면 할수록 수지 안 맞는 장사 같지만. 역시나 책은 여러 사람의 희생으로⋯ 그가 시를 극복하는 방법이, 극복하는 방법이, 시를 쓰는 방법이, 비로소 시로 가능하게 하는 방법이, 드디어 유일한 것을 그것을, 아름다움을 꺼내는 방법은 반복과 변주, 다양한 반응과 배반과 배치의 문제, 조율인 것 같다. 그의 시가 시가 되는 사건을 나는 매번 경험했고 책이 나오면 또 경험할 예정이다. 독자도 같이 느낀다면 고맙겠다. e e cummings 그냥 cummings 쓰고 싶었다. 우리가 아는 한 처음으로 커밍스 시집을 소개한다. 대단하지 않은가? 번역가 선생님, 단행본 데뷔 축하드려요. 선생님, 나와 내 동료, 디자이너 우리 고생 많았어요.

미행에서 만든 책들

1	소설	마르셀 프루스트	최미경	**쾌락과 나날**
2	시	조르주 바타유	권지현	**아르캉젤리크**
3	소설	유리 올레샤	김성일	**리옴빠**
4	시	월리스 스티븐스	정하연	**하모니엄**
5	소설	나카지마 아쓰시	박은정	**빛과 바람과 꿈**
6	시	요제프 어틸러	진경애	**너무 아프다**
7	시	플로르벨라 이스팡카	김지은	**누구의 것도 아닌 나**
8	소설	카트린 퀴세	권지현	**데이비드 호크니의 인생**
9	르포	스티그 다게르만	이유진	**독일의 가을**
10	동화	거트루드 스타인	신혜빈	**세상은 둥글다**
11	산문	미시마 유키오	강방화·손정임	**문장독본**
12	소설	마르셀 프루스트	최미경	**익명의 발신인**
13	시	E. E. 커밍스	송혜리	**내 심장이 항상 열려 있기를**
14	시	E. E. 커밍스	송혜리	**세상이 더 푸르러진다면**

한국 문학

1	시	김성호	**로로**

E. E. 커밍스(E. E. Cummings, 1894-1962)는 미국 매사추세츠주 케임브리지에서 태어났다. 하버드대학교 정치학 교수였던 아버지는 기독교에서 파생된 유니테리언 교단의 목사가 되기도 했으며, 아버지의 신앙은 커밍스의 작품에서 초월적인 부분에 영향을 주었다. 커밍스는 1916년 하버드대학교를 졸업하고 자원입대하여 일차세계대전에 참전, 프랑스 수용소에 갇혔던 경험을 토대로 소설 『거대한 방The Enormous Room』을 집필한다. 참전하면서 접했던 유럽 아방가르드에 큰 영향을 받았고 말년에는 자주 파리에 머물곤 했다. 전쟁 이후 그는 미국의 패션잡지 『베니티 페어Vanity Fair』의 프리랜서 작가로 일하며 뉴욕과 코네티컷주에 있는 농장을 오가며 생활했고, 오후에는 그림을 그리고 밤에는 글을 쓰는 일관적인 작업 방식을 이어갔다. 1962년 사망했을 때, 커밍스는 로버트 프로스트에 이어 미국에서 두 번째로 많이 읽힌 시인이었다.

옮긴이 **송혜리**는 서울예술대학교 실용음악과에서 작곡을 전공하고, 이화여자대학교 통역번역대학원 한영번역과를 졸업했다. 주로 예술, 과학, 문학을 중심으로 다양한 번역 작업을 하고 있다.

E. E. 커밍스 시선집 1

내 심장이 항상 열려 있기를

E. E. 커밍스
송혜리 옮김

초판 1쇄 발행 2022년 6월 20일

펴낸곳 미행 **출판등록** 제2020-000047호
전화 070-4045-7249 **메일** mihaenghouse@gmail.com
인쇄 제책 영신사
ISBN 979-11-92004-06-8 03840